DISCOVER SERIES
PESCAR

Carrete de Baitcast

Bobber Colorido

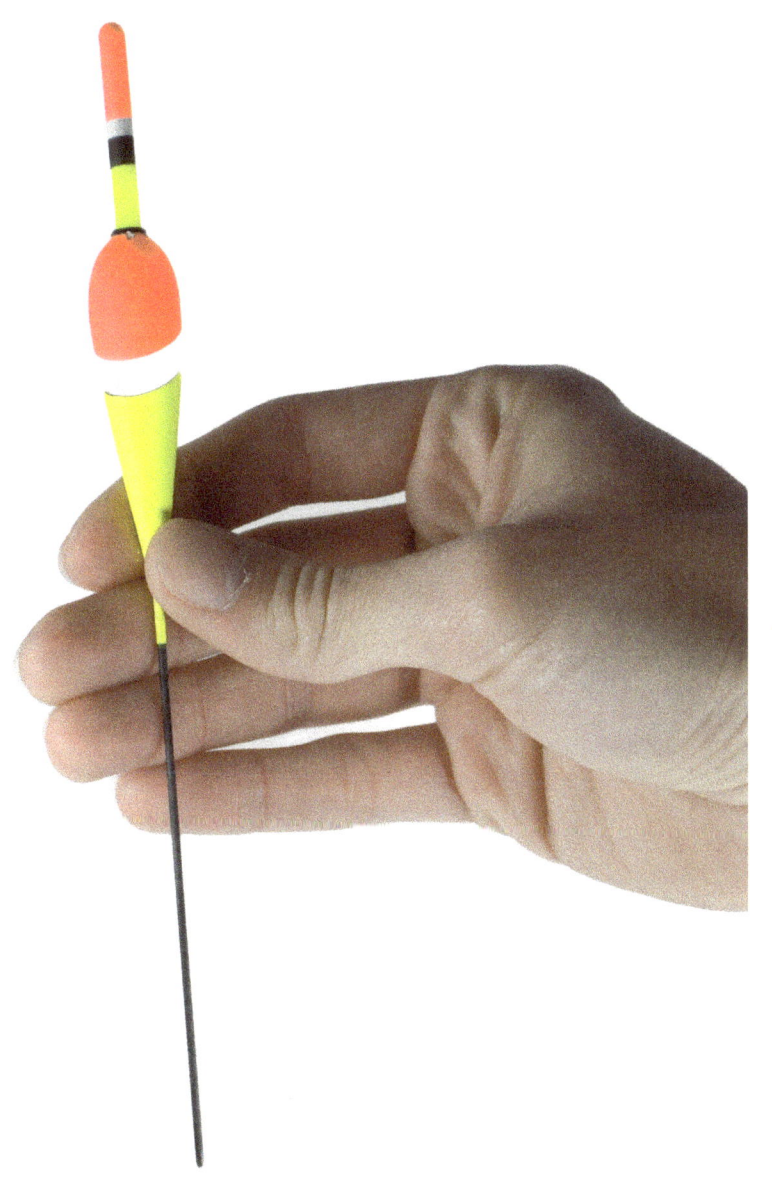

Bobber

Señuelo de Pescado

Cebo de Huevo de Pescado

Gancho de Pescado con Lengueta

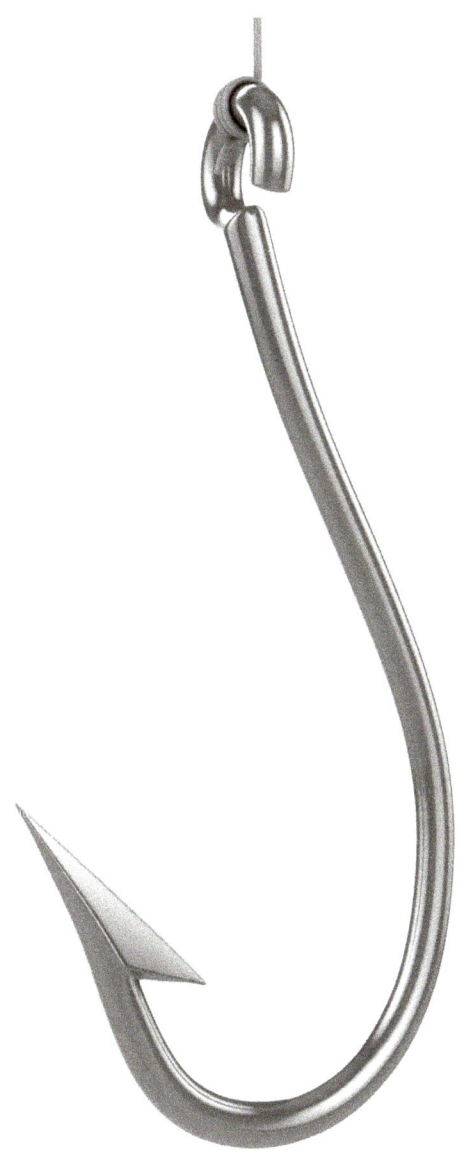

Aparejo de Pescar

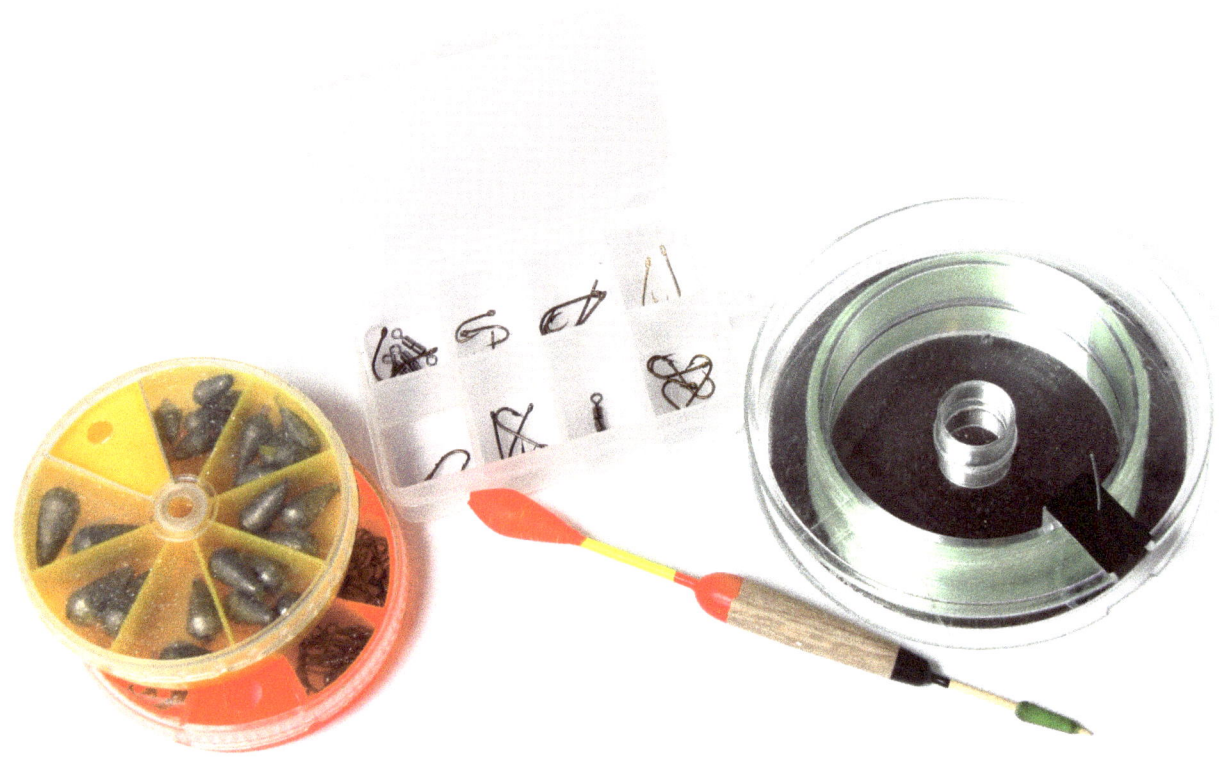

Caja de Pesca

Ansuelo Mosca

Señuelos de Mosca

Carrete de Mosca

Ansuelo Gusano

Ansuelo de la Grilla de Plomo

Peso de Plomo

Señuelo Y Bobber

Señuelos de Pesca

Gusano de Harina

Viga Metálica y Caña de Pescar

Varilla y Carrete

Gusanos de Goma Coloridos

Gusanos de Goma

Carrete Giratorio

Señuelo Cuchara

Ansuelo Agudo

Make Sure to Check Out the Other Discover Series Books from Xist Publishing:

Published in the United States by Xist Publishing
www.xistpublishing.com
PO Box 61593 Irvine, CA 92602

© 2018 by Xist Publishing All rights reserved
Translated by Victor Santana
No portion of this book may be reproduced without express permission of the publisher
All images licensed from Fotolia
First Spanish Edition

ISBN: 978-1-5324-0729-1   eISBN: 978-1-5324-0730-7

Xist Publishing

www.ingramcontent.com/pod-product-compliance
Lightning Source LLC
LaVergne TN
LVHW070950070426
835507LV00030B/3481